L'Abbé GUILLAUME DENYS

DE DIEPPE

(1624-1689)

Premier Professeur royal d'Hydrographie en France

par

l'Abbé ANTHIAUME

Aumônier du Lycée du Havre

Membre de l'Académie de Marine

PARIS

LIBRAIRIE ERNEST DUMONT

EUGÈNE DUMONT FILS, SUCC[r]

42, rue Barbet-de-Jouy

1927

L'Abbé Guillaume DENYS

(1624-1689)

'Abbé GUILLAUME DENYS

DE DIEPPE

(1624-1689)

remier Professeur royal d'Hydrographie en France

par

l'Abbé ANTHIAUME

Aumônier du Lycée du Havre

Membre de l'Académie de Marine

PARIS

LIBRAIRIE ERNEST DUMONT

EUGÈNE DUMONT FILS, SUCC^r

42, rue Barbet-de-Jouy

1927

Aux « Amys du Vieux Dieppe »
hommage reconnaissant,

A. ANTHIAUME.

INTRODUCTION

Afin de mieux préciser l'ambiance dans laquelle a vécu GUILLAUME DENYS *nous jugeons bon de retracer d'abord en quelques lignes l'histoire maritime de Dieppe avant le* XVIIIe *siècle.*

Les origines de la ville et du port de Dieppe sont peu connues. Les trois rivières, l'Eaulne, la Dieppe (1) *et la Varenne se réunissaient alors en un estuaire commun pour former un vaste bassin, compris entre deux coteaux, qui s'étendait jusqu'à l'emplacement actuel d'Arques et était assujetti au régime des marées. Le fond abrité de ce port naturel servit de refuge aux barques des Northmans et aux pêcheurs. Au* XIe *siècle, ce n'était encore qu'un petit port d'échouage avec quelques cabanes semées sur le penchant des deux falaises qui le dominent à l'Est et à l'Ouest. Nous savons que, en* 1030, *on pêchait le hareng à Dieppe* (2).

Assez rapidement, la population maritime s'accrut et les constructions se multiplièrent dans la ville.

---

(1) Depuis le XVe siècle, cette rivière s'appelle la Béthune.

(2) Dom Pommeraye. *Histoire de l'Abbaye du Mont-Sainte-Catherine*. Charte de Robert II, duc de Normandie, de 1030, page 73.

Aussi, vers le milieu du XIIe *siècle, l'arabe Edrisi écrivait cette phrase bien caractéristique sur les marins dieppois : « Dieppe, ville et port où l'on construit des navires et d'où partent des expéditions maritimes »* (1).

Formés tout d'abord par la pêche au métier de la mer, les Dieppois s'élancèrent ensuite sur l'Océan, et même des membres du clergé ne dédaignèrent pas *de se constituer armateurs au long-cours. Au* XIIIe *siècle, le prêtre de Belleville, par exemple, entretenait des nefs sur mer* (2).

La marine dieppoise se développa de plus en plus aux XIVe *et* XVe *siècles, et au commencement du* XVIe. *Ango et ses pilotes accomplirent alors des exploits maritimes qui illustrèrent les Dieppois et donnèrent à leur commerce une prospérité inconnue jusque-là* (3).

Cependant ces explorateurs entreprenants furent presque partout victimes de l'égoïsme qui leur fit longtemps cacher leurs découvertes dans un intérêt commercial. Et aujourd'hui, quelque assurés que nous soyons de leurs connaissances navales, de leur science cosmographique et de leur intrépidité, l'incertitude plane et planera longtemps sur leurs plus glorieuses expéditions.

La marée montante pénétrait alors jusqu'à Arques, et en se retirant elle formait au goulet une chute assez puissante pour entretenir le chenal. La passe

---

(1) *Géographie d'Edrisi*, traduction Jaubert, t. I, p. 360-361.

(2) Eudes Rigaud, *Registrum Visitationum*, p. 27. — Belleville-sur-Mer, près de Dieppe.

(3) Eug. Guénin, *Ango et ses pilotes*, Paris, 1901, in-8°.

se maintenait ainsi à une profondeur qui permettait l'entrée des navires de six à sept cents tonneaux.

A cette époque, Pierre Desceliers se rendait célèbre par l'enseignement de la science nautique qu'il donnait à ses compatriotes et par les cartes marines qu'il traçait, et Dieppe était renommée comme « l'Escole de la navigation française » (1) *et comme l'une des « cités saintes » de la géographie* (2).

Pour répondre aux besoins de la marine et pour se diriger sur mer, les Dieppois possédaient au XVIe *siècle un grand nombre de cartes. La plupart de ces documents ont disparu, mais les quelques spécimens retrouvés dans des dépôts d'archives en France et à l'étranger, et ceux conservés notamment au Musée de Dieppe, nous permettent de fixer nettement les caractères distinctifs de la cartographie dieppoise.*

Arques vit naître au XVIe *siècle l'abbé Pierre Desceliers, le « père de l'hydographie et de la cartographie françaises », et au siècle suivant Dieppe eut la gloire de donner le jour à celui qui devint en France le premier professeur royal d'hydrographie, l'abbé Guillaume Denys. Ce prêtre, aussi modeste que savant, passa toute sa vie à Dieppe et s'attacha à fortifier de connaissances techniques l'instinct maritime que ses concitoyens tenaient de leurs ancêtres. Nous allons résumer sommairement la vie et les œuvres de cet homme de bien, surnommé de son vivant et dans sa ville natale « le bon prestre de Dieppe ».*

---

(1) Lucas Jants, fameux pilote en l'épitre liminaire de son livre dit *Le Trésor et le Cabinet de la Navigation.*

(2) Elisée Reclus. *Géographie Universelle.* Paris, 1877, t. II, page 762.

Chapitre I

Guillaume Denys. — Sa vie et son école d'hydrographie

Sa vie. — Né vers 1624 de Richard Denys et de Marguerite Daniel, Guillaume Denys se sentit tout jeune attiré vers l'état ecclésiastique. Il reçut dès l'âge de quinze ans (le 28 mai 1639) la tonsure en l'église Saint-Remy de sa ville natale, et fut ordonné prêtre le 21 septembre 1647 (1).

G. Denys s'adonna de bonne heure à l'étude de la science nautique, puisqu'il publia son premier ouvrage d'hydrographie en l'année 1648. Très tôt aussi il enseigna la navigation à ses jeunes concitoyens. Au début, il ne donna que des leçons particulières ; mais la valeur du maître et les succès des élèves attirèrent l'attention des pouvoirs publics et méritèrent à G. Denys les éloges les plus flatteurs de la part du duc de Vendôme, alors grand maître, chef et

(1) Archives départementales de la Seine-Inférieure, G. 9741, p. 53 et 266.

surintendant de la navigation et du commerce. Ces compliments furent décernés à l'éminent professeur dans une lettre du 18 mars 1664, où le duc de Vendôme, après l'avoir félicité « d'avoir acquis une grande expérience dans les sciences mathématiques auxquelles il avait donné ses soins et son application, principalement en ce qui regarde l'hydrographie ou l'art de naviger », lui offrit « l'office de commissaire-examinateur des pilotes par tout le royaume et de professeur en l'hydrographie ».

G. Denys eut donc la joie de former, avec mandat officiel, de bons marins. « Son zèle, dit un biographe, allait jusqu'à l'apostolat ». Et certes son dévouement n'était pas dicté par l'intérêt. Cet homme de bien appelait la bénédiction du ciel sur le roi, parce qu'on lui servait l'arriéré de ses appointements (1). A cette époque, le paiement d'une somme due était en réalité accueilli par certains fonctionnaires non comme l'acquittement d'une dette, mais comme une grâce et un bienfait de Sa Majesté. On peut en juger par cette lettre de Denys, datée de Dieppe le 1er décembre 1666 : « Monseigneur, écrivait-il à Colbert, j'ai reçu de M. Pellissari (2) les douze cents livres pour une année de mes appointemens : les recognoissances que je vous en peux témoigner estant trop foibles pour une *faveur si signalée*, je m'adresserai au Bon Dieu ,que j'ai l'honneur de servir, pour suppléer à mon défaut, et le prierai, dans le sacrifice de son Fils que je lui présente tous

---

(1) Ed. Le Corbeiller. *Quelques lettres de G. Denys à Colbert*, dans la Revue Catholique de Normandie, 15 janvier 1916, p. 40-55.

(2) Un des trésoriers royaux.

les jours, de vous donner l'esprit de force qui vous est nécessaire dans tous les embarras des affaires de toute la France que vous avez sur les bras, lui suppliant de vous conserver pour le bien du commerce et de la navigation de cet Etat.... Denys, prestre indigne ».

La même pensée est exprimée à peu près dans les mêmes termes le 12 février 1674 (1). « Monseigneur, écrit Denys, comblé de l'extrémité de vos faveurs par l'ordonnance pour le paiement de mes appoinctements dans l'incapacité de vous en pouvoir tesmoigner les reconnoissances je supplieray le bon Dieu de suppléer à mon défault... »

G. Denys devint un des plus savants hydrographes de son temps. Le 22 mai 1665, il déclarait (2) que « depuis vingt à vingt-deux ans », c'est-à-dire dès l'âge de vingt ans environ, il s'appliquait « aux mathématiques et par profession à la navigation ». Ayant beaucoup fréquenté les gens du métier, il a été obligé d'approfondir ces sciences. Aussi déclare-t-il sans vanité qu'il peut « paroistre et en parler devant les plus doctes du monde en cet art » (3).

En 1666, il trouva le premier, dit-on, que deux boussoles identiques, placées en deux endroits d'un navire, ne sont plus d'accord à cause de l'influence du fer des bâtiments sur l'aiguille aimantée. Depuis ce temps, les savants ont imaginé divers moyens d'obvier à cet inconvénient.

---

(1) Bibliot. nat., Mélanges Colbert 167, fol. 318.

(2) *Id.*, Mélanges Colbert 129, fol. 185-186.

(3) Ed. Le Corbeiller. *Op cit.*, p. 42.

Son Enseignement. — La classe de G. Denys devait durer une heure ; mais il ajoutait toujours « le quart d'heure des propositions », et prolongeait encore ce temps « pour voir les leçons et monstrer aux plus foibles » (1). Certains élèves restaient longtemps chez lui « après l'eschole ». Ils emportaient même avec eux du travail que Denys corrigeait ensuite. Et « l'on tasche autant qu'il est possible de maintenir pour tous la leçon généralle et qu'elle n'en demeure point derrière ». Aussi, grâce à ce zèle, ses élèves faisaient de rapides progrès, et, au 24 novembre 1665, ils étaient « desjà plus qu'à la moitié de leur quartier d'or » (2).

Le dernier quart d'heure de chaque classe se passait à « recevoir les difficultés » qu'on lui soumettait. Et Denys écrivait à Colbert (3) que « l'on y faict les prières à la fin pour Sa Majesté, où vous n'avez pas été oublié comme celuy par le moïen duquel nostre ville se voit honorée de cette faveur ».

Il y avait, au moins au début, deux catégories d'élèves : des aspirants au brevet de pilote et des auditeurs libres, parmi lesquels Denys comptait quelques confrères dans le sacerdoce (4). Le professeur se consacrait également à tous avec le même dévouement.

Même avant d'être nommé en 1665 professeur royal d'hydrographie, G. Denys avait fait « de fort bons escholiers », et le port de Dieppe n'avait pour ainsi

---

(1) Mél. Colbert 133, fol. 582-583.

(2) Ed. Le Corbeiller. *Op cit.*, p. 45.

(3) Mél. Colbert 132, fol. 106.

(4) Ed. Le Corbeiller. *Op cit.*, p. 44.

dire « presque de cappitaines ny de pilottes que de sa façon », et les plus habiles dans les autres ports du royaume étaient ses anciens disciples. On venait en effet des provinces voisines, et de plus loin encore, suivre ses leçons, quoiqu'ailleurs « ils aient des maîtres », dit Denys. Au 22 mai 1665, donc avant l'ouverture officielle de l'école royale, Denys écrivait : « Il est parti de chez nous depuis quelques jours un gentilhomme d'auprès les Sables d'Olonne, nommé Chabocière, qui assurément n'a pas une médiocre cognoissance de la navigation, aiant eu la curiosité de venir tout exprès pour s'instruire » (1).

Le 21 février 1666 (2), l'école royale « faict toujours merveilles ». Les élèves sont très avancés et pour leur retirer l'idée de quitter l'école, G. Denys a « commencé la navigation par les sinus », ce qui lui donne à la vérité « un furieux embarras ». Il se console de ses fatigues en constatant les résultats obtenus. Plusieurs « enseignent aux autres qui n'y viennent point pour quelques considérations », et il se rend compte que « le long d'une année pourra former jusques cent vingt à cent cinquante jeunes hommes pour parvenir à estre pilottes dans les voiages qui se feront ci-aprez ».

Au 9 septembre 1667 (3), il écrit encore : « Me voicy au bout de deux ans de profession de ceste vostre eschole sans avoir prins aucun relasche, je vous puis asseurer qu'elle faict merveille et continue d'estre si nombreuse qu'il estoit besoin de la paix

---

(1) Ed. Le Corbeiller. *Op cit.*, p. 43.
(2) *Id.*, *ibid.*, p. 47.
(3) *Id.*, *ibid.*, p. 49.

avec l'Anglois pour rétablir le commerce et pour faire un essain de quantité qui se sont rendus très capables et qui ne font qu'attendre pour mettre en pratique ce que je leur ay apprins ».

Les élèves de G. Denys avaient de treize à trente ans. Les plus âgés fréquentaient son école pendant qu'ils étaient à terre, entre deux voyages. A la fin de l'année 1667, Denys écrivait à Colbert : « Je vous puis asseurer qu'à présent l'échole roialle est très florissante, composée de la plupart grands garçons et bons matelots comme vous le peuvent tesmoigner les catalogues des mois précédents » (1).

Denys faisait la classe à son domicile (juin 1669) (2). Au mois de septembre 1672, il comptait cent élèves (3) et, pendant l'année 1678, il en eut deux cent dix (4).

Les pilotes et les lamaneurs. — A Dieppe comme ailleurs les pilotes péchaient par ignorance ou au moins par insouciance. Ils négligeaient de rédiger le journal de leur navigation. G. Denys ne craignit pas en 1666 de réclamer un règlement qui enjoignît aux pilotes de déposer au retour de chaque voyage « la copie de leur papier journal » (5). De son côté, Colbert inséra cette obligation dans la célèbre Ordon-

---

(1) Bibl. nat. Mél. Colbert 146, fol. 448. — Ed. Le Corbeiller, *Op. cit.*, p. 51.

(2) Ed. Le Corbeiller. *Op. cit.*, p. 54.

(3) Archives du Ministère de la Marine. Ordres du Roi, 1672, fol. 568.

(4) *Id.*, *ibid.*, 6 janvier 1679, fol. 10 v°.

(5) *L'art de naviguer perfectionné par la connaissance de la variation de l'aimant*, 3e édit., 1681, p. 48-49.

nance de 1681 (1). « Si j'étois assez capable, écrivait Denys, de donner des avis, celuy-cy n'en seroit pas un des moindres, qui seroit d'insinuer dans l'esprit de Sa Majesté, dans le dessein qu'il a de faire monter la navigation au sommet de la perfection, de donner un règlement par lequel il seroit enjoint à tous les pilottes au retour de leur voyage de donner coppie de leur Papier-Journal de navigation, sous peine de privation de leurs gages (comme l'on fait en Hollande), laquelle seroit mise ès mains du pilotte hydrographe, lequel s'obligeroit de les remettre d'an en an au greffe de l'Admirauté pour y rester, ce qui pourroit servir soit pour faire des cartes plus justes par la confrontation des routes de plusieurs des plus habiles (le seul moyen que nous ayons, au défaut du secret qui nous est caché, de trouver la longitude), soit pour apprendre les routes qu'il faut tenir, les vents qui règnent en quelques pays à diverses époques, les marées qui y courent, les tempestes qu'on y souffre, les isles et rochers qui s'y rencontrent, les brasses d'eau, le solage (2) de la mer, les variations de l'aimant, et mille autres belles connoissances que la mémoire ne me fournit point, et que ce pilotte et autres qui verroient ces papiers pourroient tirer pour ensuitte les donner au Public, et qui serviroient à donner témoignage et faire connaître ceux qui seroient les plus intelligents.

« Que si cela avait été pratiqué et que nous eussions tous les voyages qui ont été faits dans les Indes orientales par nos seuls mêmes Dieppois qui y ont

(1) Livre II, tit. IV, art. 4.

(2) Sol, terrain.

conduit autres fois les Hollandois, jugez quel avantage nous en tirerions à présent dans les desseins que nostre Monarque prend d'y faire trafiquer ses sujets, à l'exemple de nos Nations voisines, qui ne serions pas obligez de quester des Hollandois et Anglois pour nous y conduire, et nous en donner des connoissances particulières que nous avons perdu par l'interruption de ce commerce que nous avions il y a déjà longtemps abandonné par la traverse que nous y faisoient les mêmes Hollandois et Anglois, et qui sont péries avec les personnes qui les possédoient faute de les avoir obligé de les rédiger par écrit dans des Papiers Journaux qui fussent demeurez dans les Archives de notre Admirauté, qui seuls seroient suffisants de nous fournir ce que nous souhaiterions ».

Cette réclamation de G. Denys était juste, car, en dehors des avantages que nous auraient apporté ces Journaux de navigation, il est certain que l'histoire pourrait enregistrer à l'honneur des Normands bien des faits maritimes et bien des découvertes que nous ignorerons toujours par l'insouciance de nos compatriotes qui ne dévoilaient jamais leurs expéditions au delà des mers.

Dans une lettre du 12 décembre 1667, G. Denys parlant des lamaneurs rappelle que « le fait des lamaneurs est comprins au vingt-septième article de l'arrest pour nostre ville ». D'après cet article, il n'était pas besoin de leur faire subir un examen. « Pour y apporter quelques restrictions conformément aux anciennes Ordonnances, Messieurs de ville, assistés des principaux bourgeois et marchands, devraient faire élection chaque année d'un certain nombre des plus intelligents (lesquels seuls pourroient vaquer à cette fonction de lamanage) et qui eussent moyen de répondre des dommages qui seroient causés par leur faute ». G. Denys déplore l'ignorance des lamaneurs, et il constate que, « depuis quinze jours en ça », les matelots « se mêlant » de pilotage « ont échoué deux vaisseaux en sortant droict sur le milieu de l'amas du galet qui est à l'entrée du port » (1).

Ce fut seulement en 1701 qu'il fut décidé que désormais il n'y aurait à Dieppe que « douze pilottes choisis parmi les anciens selon leur capacité et leur expérience ».

Son attachement à ses élèves. — Denys, très désintéressé dans l'exercice de sa profession, consentait au besoin les plus grands sacrifices en faveur d'élèves intelligents et laborieux.

En 1675, vint à lui un honfleurais nommé Jean Doublet (2). Né en 1655, ce jeune homme avait commencé dès l'âge de sept ans le rude apprentissage de la vie de marin. Après plusieurs voyages, où il s'était montré pilote ferme et hardi, il résolut de se faire corsaire. Mais avant de se lancer sur mer dans des expéditions hasardeuses, il vint auprès de l'abbé Denys approfondir la science du pilotage. Il fut convenu entre le professeur et l'élève que, moyennant cinquante livres par mois, Doublet serait nourri, couché et blanchi chez l'abbé Denys, qui lui fourni-

(1) Ed. Le Corbeiller. *Op. cit.*, p. 49-50.

(2) Ch. Bréard. *Les Mémoires de Jean Doublet, de Honfleur.* dans la *Revue historique*, 1880, p. 55-56.

rait en outre tous les livres nécessaires. « Il me commença, dit Doublet dans ses Mémoires (1), par les principes de la sphère, les marées, les hauteurs, le quartier de réduction et l'échelle angloise, etc. ». Doublet était déjà au courant de ces questions, et savait même « les sinus, tangentes et logarismes ». Surpris, Denys lui demanda ce qu'il venait faire chez lui, « ayant autant de théorie que de pratique ». « Je luy dits, ajoute Doublet, que je me voulois perfectionner avec un aussy habile maistre ; aussy il eut la bonté de ne me pas épargner ses soins. Il m'aprit les triangles sphériques et les ellements d'Euclides et les calculations en moins de trois mois ». Au bout de ce temps, Doublet, qui n'avait pas la moindre intention de devenir pilote breveté, mais qui au contraire avait hâte de reprendre sa vie aventureuse, se décida à quitter Denys. D'ailleurs sa « petite fortune » ne lui permettait pas de payer sa pension plus longtemps. Précisément, le célèbre marin Panetié le réclamait alors dans son escadre. « L'envie d'aler gagner de quoi et ne pas dépenser ce que j'avois, écrit Doublet, me fit donner lecture de ma lettre à M. Denis. »

L'abbé Denys insista auprès de Doublet pour le garder encore deux ou trois mois, parce qu'il n'avait fait que « dévorer » des notions apprises trop rapidement pour être bien retenues. Afin de « le fortifier à fonds », Denys proposa à Doublet de l'occuper comme « prévôt de salle à ses écoliers » ; et il ajoutait : « Vous m'obligerez infiniment en restant,

(1) Ch. Bréard. *Op cit.*

car vous me soulagerez un casse-teste avec ce nombre d'écoliers dont la plupart ont la teste dure comme la pierre ». Doublet se laissa fléchir et demeura encore trois mois auprès de l'abbé Denys.

« Et lorsqu'au bout de mes six mois de pension dont j'en avais payé trois, je vouluts en quitant payer les trois autres, il me futs de toute impossibilité de les faire prendre, ny mesme à la sœur de M. Denis ».

L'abbé Denys conseilla à Doublet de se présenter à l'examen pour l'obtention du brevet de pilote, et il lui offrit de payer les frais de réception dus à l'amirauté. Doublet obéit et fut admis. « Après quoy nous fusmes tous disner chez M. Denis qui, étant prestre, n'avoit voulu entrer en auberge et ne consentit que je payast que ce qui estoit venu de chez le traiteur et rien de ce qu'il avoyt fourny de chez luy. A nostre séparation, le lendemain, ce fut des amitiez et tendresses réciproques ».

Encouragements donnés par Colbert. — Dès 1661, Colbert avait fait savoir à G. Denys que désormais l'Etat « adoptait sa chaire » et que, comme titulaire de cette chaire, il toucherait annuellement « douze cents livres d'appointements » (1). Sa réputation comme hydrographe était telle qu'on l'avait prié de désigner ceux de ses élèves qui étaient le plus capables de fonder « dans tous les ports de France » un enseignement sur le modèle du maître.

Le 18 mai 1665, Colbert manda à Denys qu'il le voyait avec grande satisfaction tenir son école

(1) Ch. Duvergier. *Lettres politiques*, 1843, lett. XIX, p. 185.

d'hydrographie, enseigner le pilotage aux jeunes gens et préparer ainsi des marins pour le service du roi et de la patrie. Colbert s'engageait en même temps à mettre le roi au courant de ses travaux scientifiques et à lui attirer les bonnes grâces de Sa Majesté.

La promesse de Colbert ne fut pas vaine. Le 11 juin suivant, une gratification de six cents livres fut délivrée à G. Denys, et le 25 du même mois, on lui assura une pension de douze cents livres (1). « Néantmoins, il (Colbert) conjuroit Denys de réunir son zèle pour en faire un bon usage et former un plus grand nombre de pilotes qu'il luy seroit possible » (2). Ce même jour, une lettre informait officiellement « Messieurs de Ville » que le roi avait favorablement accueilli le projet d'établissement d'une école d'hydrographie à Dieppe, que les leçons seraient données gratuitement et que la direction de l'école serait confiée à G. Denys. On exprimait le vœu « que la Ville de Dieppe pût de nouveau aquérir cette réputation qu'elle s'estoit toujours conservée pour les voyages de long cours et la connoissance des mers » (3).

Ce message ne fut lu en séance de l'Assemblée générale que le 29 septembre, et communication en fut faite sur l'heure aux habitants. Dès le lendemain, 30 septembre 1665 (4), G. Denys ouvrait son école.

---

(1) Asseline. *Les antiquitez et chroniques de la ville de Dieppe*, publiées à Dieppe en 1874, 2 vol. in-8°.

(2) Asseline. *Op. cit.*, t. II, p. 322.

(3) *Id.*, *Ibidem*.

(4) Et non 1663, comme l'ont écrit quelques auteurs.

Son brevet fut signé par le roi le 22 novembre et expédié le 24 par les soins de Colbert. Le roi cependant, dans le « Privilège » accordé à l'un de ses ouvrages (1) et daté du 6 octobre 1665, désignait déjà G. Denys comme « nostre pilotte hydrographe ».

« Comme cette ville avait été le berceau de la science de l'hydrographie, dit Desmarquets (2), Sa Majesté crut qu'il était dans l'ordre qu'elle eût l'honneur d'être celle de son royaume qui en eût la première chaire royale ».

Quelques mois à peine après la création de l'école de Dieppe, Colbert adressait (18 mars 1666) cette note à Colbert de Terron, intendant de la marine à Rochefort : « Nostre école d'hydrographie réussit admirablement à Dieppe » (3).

La puissante protection de Colbert venant s'ajouter au talent du professeur, l'école de Dieppe fut très prospère. Le grand ministre la recommanda fréquemment à son fils Seignelay, et lui signifia même qu'il fallait « la maintenir et l'augmenter » (4).

Colbert saisissait toujours avec empressement l'occasion d'encourager G. Denys : « J'ay esté bien ayse, lui écrivait-il le 21 novembre 1671, de voir l'apologie de la méthode dont vous vous servez pour enseigner l'hydrographie, et d'apprendre que le

---

(1) *Le discours et les tables de la déclinaison du soleil et des principales et plus reconnoissables estoilles.* Dieppe.

(2) *Mémoires chronologiques pour servir à l'histoire de Dieppe et à celle de la navigation françoise.* Paris, 1785, t. II, p. 9.

(3) Arch. nat. Fonds de la marine. Dépêches concernant la marine, 1666, fol. 404.

(1) Instruction pour Seignelay à son retour d'Angleterre, 24 septembre 1671. — Pierre Clément. *Lettres, Instructions et Mémoires de Colbert*, t. III, p. 381.

nombre de vos écoliers augmente tous les jours ; comme nous n'avons rien de plus important pour la navigation que d'augmenter et de perfectionner les pilotes, vous ne sçauriez mieux marquer votre zèle pour le service qu'en redoublant vostre application pour former de bons pilotes. Cependant, envoyez-moi une liste des meilleurs qui soyent à Dieppe ou en voyage, qui ont le plus de connoissance des costes de la Manche, pour la faire voir au Roy. Envoyez-moi aussy tous les mois une liste de ceux à qui vous enseignez la navigation » (1).

Colbert ne cessa de se préoccuper de la prospérité de l'école dieppoise, et de s'intéresser à son développement (2). « J'ay receu, écrivait-il à l'abbé Denys, la liste des escoliers auxquels vous avez enseigné l'hydrographie pendant l'année dernière (1678). Et quoyque le nombre de deux cent dix soit considérable, il est bien important que vous vous appliquiez toujours à le multiplier et à rendre lesdits escoliers sçavants, le roy estant persuadé que la connoissance parfaite qu'ils auront du pilotage contribuera beaucoup à la seureté de la navigation de ses vaisseaux » (3).

Dissentiments de G. Denys avec l'Amirauté. — Des contestations éclatèrent assez souvent entre l'amirauté de Dieppe et le maître-hydrographe. Dès 1667, le roi avait défendu à cette amirauté d'admettre

(1) Archives du Ministère de la marine. Dépêches concernant la marine, 1671, fol. 200.

(2) *Ibid.*, Ordres du Roi, 21 novembre 1671, 30 septembre 1672, 4 janvier 1675, 4 juillet 1679.

(3) *Ibid.*, Ordres du Roi, 6 janvier 1679.

aucun pilote sans examen. « Fait Sa Majesté très expresses deffenses à tous pilotes et lamaneurs de faire aucunes fonctions jusqu'à ce qu'ils ayent été examinez et trouvez capables par le sieur Denis, prêtre, commis par Sa Majesté pour enseigner et tenir école de pilotage dans ladite ville, à peine de cinquante livres d'amende » (1). Mais le lieutenant de l'amirauté, se souciant fort peu de respecter la volonté du roi, continua à recevoir « en qualité de pilotes plusieurs matelots qui n'ont aucune théorie ni pratique de l'hydrographie ». A la suite d'accidents survenus « aux navires, barques et autres bastimens dont on leur confiait la conduite », Denys supplia Colbert de remédier au mal en réglant que les pilotes ne seraient brevetés qu'après avoir « au préalable suby leur examen ». Colbert commanda alors (26 août 1672), à d'Herbigny, intendant en mission, « d'examiner ce qu'il conviendra faire sur cette difficulté pour le plus grand avantage du service du roy et celuy du commerce » (2).

Les disciples de G. Denys. — G. Denys forma non seulement d'excellents pilotes et capitaines de navires, mais encore des professeurs d'hydrographie qui furent « habiles dans cette profession » (3). Les disciples de Denys avaient si bon renom que

(1) Arrêt du Conseil d'Etat du Roi, portant attribution à l'Hôtel de Ville de Dieppe de la police générale et particulière, art. XXVII (27 octobre 1667).

(2) Arch. du Min. de la marine. Dépêches concernant la marine, 1672, fol. 488.

(3) Bibliothèque de Dieppe. Manuscrit Croisé (Histoire de Dieppe, chap. XXI).

Colbert choisit de préférence parmi eux des hydrographes pour ouvrir et tenir des écoles dans les principaux ports du royaume. Un des parents du grand ministre, De Vueil Colbert, intendant de la marine à La Rochelle, demanda dès 1665 à Denys un maître « de sa façon » pour les marins de La Rochelle. Dans sa réponse, Denys assurait que « il en pourroit donner passablement capables », et il s'obligeait même à « les perfectionner et esclaircir sur les points qu'ils ignoreroient » (1).

Vers 1685, Denys recommanda tout particulièrement au ministre *Jean Voutremer*, prêtre, originaire de Criel, mais domicilié à Dieppe, qui fut nommé professeur d'hydrographie à Bayonne (2) avec six cents livres d'appointements.

Aussitôt après son ordination à la prêtrise, le 18 décembre 1677 (3), Voutremer prit rang dans le clergé de Dieppe comme prêtre habitué en l'église Saint-Jacques (4). Il est vraisemblable que Voutremer était le neveu de G. Denys.

François Gaulette, quoiqu'en dise le chroniqueur Croisé, ne fut pas prêtre. Il était originaire du Pollet, faubourg de Dieppe. Pilote en 1679, il fut successivement maître d'hydrographie à Dunkerque en 1681 et à Toulon en 1684, ingénieur à Toulon en 1691, capitaine de flûte en 1696 et mourut aux Indes sur le *Bon*, en 1698.

---

(1) Bibl. nat., Mél. Colbert, 129, fol. 185-186.

(2) Bibl. de Dieppe, Ms. Croisé, chap. XXI.

(3) Archives départementales de la Seine-Inférieure, G. 9746, fol. 112 ; G. 9749 et G. 9750.

(4) Archives paroissiales de Saint-Jacques de Dieppe.

Selon Guibert (1), Gaulette fut appelé à Toulon comme professeur en 1685, et, ajoute Asseline (2), « il tint, par ordre du Roy, une escole pour instruire en l'art de naviger les officiers de son armée navale, à l'exclusion des autres gens de marine et même des habitants de Toulon, où ceste escole estoit ouverte, et où il eut de très bons gages. Il est vray qu'après les leçons de cette escole chacun pouvoit y venir pour s'y faire instruire, d'où sans doute il aura tiré beaucoup de profits ».

Le successeur de Gaulette comme « maître d'hydrographie des officiers de marine du département de Toulon » ne fut désigné que le 1er août 1698 (3). Est-ce donc que Gaulette était resté jusqu'à sa mort titulaire de sa chaire ? Et avait-il eu un suppléant pendant ses absences ?

La famille Gaulette était nombreuse et bien connue à Dieppe.

Nicolas Adam. — Nous avons fort peu de renseignements sur ce prêtre qui fut « professeur particulier à La Rochelle » et revint mourir à Dieppe, son pays natal (4). Adam devint-il vicaire à Saint-Rémi ? Peut-être. En 1698, il est mentionné comme habitué dans l'une des deux églises de Dieppe (5).

« Le sieur Adam, dit Asseline (6), fait profession

---

(1) *Mémoires pour servir à l'histoire de la Ville de Dieppe* 1878, in-8°, t. I, p. 352.

(2) *Op. cit.*, t. I, p. 325.

(3) Arch. du Min. de la Marine, B2 136, année 1698, fol. 450.

(4) Ms. Croisé.

(5) Arch. départ. de la Seine-Inférieure, G. 5864.

(6) *Op. cit.*, t. I, p. 326.

d'enseigner l'art de la navigation, mais c'est sans autre récompense que celle qu'il a de ses escoliers ».

Pierre Cauvette, croyons-nous, fut prêtre et ce serait lui qui, le 22 avril 1697, baptisa à Saint-Remi de Dieppe, Pierre-Victor Cauvette, bien connu plus tard sous le nom de *Docteur Cauvet*. « Hydrographe et professeur d'hydrographie », Pierre Cauvette, qui était proche parent de J. Cauvette, curé de Bouteilles, près Dieppe, en 1700, mourut selon nous à Dieppe entre 1697 et 1711.

Il publia en 1685, avec privilège du roi, un volume in-12 de 171 pages, intitulé : *Nouveaux Elémens d'Hydrographie*, où par une méthode courte et aisée l'on apprendra de soi-même, et en très peu de temps, tout ce qui est nécessaire pour entreprendre et achever une heureuse navigation ». Il enseignait alors à Paris.

Nicolas Corruble naquit vers 1651 à Saint-Valery-en-Caux. Fils de Gilles et de Marguerite Jaques, il reçut la tonsure et les ordres mineurs à Rouen aux quatre-temps de septembre (22 septembre) 1673. C'est du moins le seul renseignement que nous ayons recueilli sur un Nicolas Corruble dans les registres des ordinations du diocèse de Rouen (1).

« N. Corruble, prêtre, de Dieppe » s'adonna de bonne heure à l'étude de la science nautique, et en 1683 il publia « La véritable et unique méthode de naviger par le quartier d'or, laquelle est

(1) Arch. départ. de la Seine-Inférieure, G. 9748.

prouvée d'une manière si facile et démontrée par les figures si claires et si intelligibles d'elles-mêmes que l'on pourra sans peine et en peu de temps se rendre parfait pilote et faire une heureuse navigation » (1).

Cet ouvrage est adressé à Jacques-Nicolas Colbert, coadjuteur de l'Archevêque de Rouen. Dans la dédicace, l'auteur qui, suivant l'usage du temps, signe « prestre indigne », déclare qu'il a longtemps hésité à lui présenter cet ouvrage à cause de « l'esloignement qui paroit se trouver entre les fonctions de son ministère et la nature de ce livre ». Il s'est rappelé cependant que l'illustre maison de Colbert a « toujours fait estime de l'art de naviger ».

Le privilège du roi porte la date du 29 octobre 1683, et le livre a été « achevé d'imprimer pour la première fois le 15 novembre » de la même année.

Corruble eut un neveu, *Du Bosc*, prêtre aussi, qui fut hydrographe et publia un ou plusieurs ouvrages de science nautique qu'il dédia au comte de Manneville, gouverneur de Dieppe (2).

Nous avons analysé ailleurs (3) les ouvrages qui nous sont parvenus de ces illustres disciples de G. Denys.

La valeur professionnelle de G. Denys était telle que, lors d'une tournée d'inspection à Dieppe en 1681, Arnoul, intendant de la marine au Havre, s'entretint avec lui de sa méthode d'enseignement. Il la

(1) Un vol. in-4° de 215 p. sans la dédicace, la préface et la table.

(2) Ms. Croisé.

(3) *Evolution et enseignement de la science nautique*. Paris, 1920, t. I.

trouva « extrêmement bonne quoyqu'extraordinaire ». Dans son enthousiasme, il écrivit au ministre que « si le sieur du Bocage (1) pouvoit s'en servir, il feroit encore un plus grand nombre de pilotes et meilleurs », puis ajouta : « Je feray en sorte de l'y porter si Monseigneur le juge à propos et l'obligeray d'en aller conférer avec led. sieur Denis » (2.)

(1) Professeur au Havre.

(2) Arch. du Min. de la marine, B³ 35, fol. 152, 12 avril 1681.

Chapitre II

Œuvres imprimées de G. Denys et questions principales traitées par l'Auteur.

« Pilotte hydrographe de Sa Majesté, examinateur des pilottes par tout le royaume de France et professeur royal d'hydrographie à Dieppe », Guillaume Denys consacra ses rares loisirs à écrire quelques ouvrages, dont « on a fait tant d'estime qu'on les a transportez de Dieppe et débitez dans les meilleurs ports de France » (1) ; ils furent tous publiés chez Nicolas Dubuc, « imprimeur-libraire et graveur du Roy » à Dieppe.

G. Denys a en effet traité avec une grande compétence toutes les questions de science nautique envisagées au XVIIe siècle, et même dans certains cas il a vu bien plus clair que ses contemporains. Aussi ses ouvrages eurent-ils une grande vogue. Ses nombreux disciples les emportèrent avec eux, et plusiurs, devenus à leur tour professeurs d'hydro-

(1) Asseline. *Op. cit.*, t. II, p. 323.

graphie, par exemple à La Rochelle, à Bayonne, à Toulon, etc., les mirent entre les mains de leurs élèves.

Enumération des publications connues de G. Denys. — Voici un aperçu de ces ouvrages :

1° « *Façon nouvelle de naviger par les nombres*, c'est-à-dire par sinus, destinée à servir seulement dans les navigations de brief cours » (1).

Ce livre est le premier composé par Denys. Nous n'en connaissons aucun exemplaire, et il nous est impossible d'en présenter une appréciation même sommaire. Nous avons cependant plusieurs raisons de croire que ce livre était tout à fait élémentaire, puisqu'en 1665 l'auteur en publia une nouvelle édition bien plus développée, qu'il intitula : « L'art de naviger par les nombres ».

2° « *Tables de la déclinaison du soleil* et des principales et plus remarquables estoilles du firmament et deux Tables pour l'estoille du Nord »(2).

Une autre édition parut deux ans après avec privilège du roi, daté du 6 octobre 1665 et accordé au nom et en faveur de « maistre Guillaume Denys, prestre, nostre pilotte hydrographe ».

Une troisième édition (3) suivit en 1669 sous le titre : « Le discours et les tables de la déclinaison du soleil et des principales et plus reconnoissables estoilles du firmament, ensemble un discours sur l'Es-

(1) Un volume in-8°, 1648.

(2) Un volume in-4°, 1663.

(3) Un volume in-4° de 151 pages.

toille du Nord, avec deux tables pour trouver l'Elévation du pôle à toute heure de la Nuict, nouvellement supputées et corrigées par M. G. Denys, prestre, hydrographe ordinaire du Roy, et enseignant pour Sa Majesté la navigation en la ville de Dieppe » (1).

3° « *L'art de naviger par les nombres*, dans lequel toutes les règles de la navigation sont résolues par un triangle rectiligne rectangle comme dans les cartes hydrographiques. Avec la Table tant des sinus, tangentes et sécantes que sinus et tangentes logarithmiques, et les logarithmes depuis l'unité jusqu'à 10.000. Ensemble une table des croissantes largeurs pour naviger conformément à la Carte réduite, laquelle, bien que construite selon les voyes géométriques et censée jusques à présent pour la plus accomplie, est néantmoins démonstrée défectueuse comme ne revenant point au globe pour la diminution de degrez de la Longitude » (2).

4° « *L'art de naviger perfectionné par la connoissance de la variation de l'aimant*, ou Traité de la variation de l'aiguille aimantée, où sont déduits cinq moyens de trouver de combien et de quel costé le compas manque en certains lieux à monstrer les véritables parties du monde, et nommément celuy de trouver cette variation à toute heure du jour et de la nuict par l'Azimuth, composé par M. G. Denys,

(1) C'est cette troisième édition que nous avons étudiée à la Bibliothèque nationale, V. 7487.

(2) Première édition, 1665, in-12. — Seconde édition 1668. — Autre édition en 1675 avec privilège du roi, donné à Paris le 6 octobre 1665, 1 vol. in-12 de 237 p. sans les Tables.

prestre, pilote hydrographe de Sa Majesté, examinateur des pilotes par tout le royaume de France, et professeur royal d'hydrographie à Dieppe » (1).

Le 22 mai 1665, G. Denys écrivait à Colbert : « Il y a longtemps que l'on me faict espérer un privilège pour mes œuvres et spécialement pour un de la variation de l'aimant absolument nécessaire pour le voiage des Indes Orientalles que j'ay le dessein de vous présenter si vous avez la bonté de l'aggréer ; si vous me faictes rescrire, vous me tesmoignerez, s'il vous plaist, vostre sentiment sur ce sujet » (2). Ce vœu de G. Denys fut bientôt réalisé, car ses deux livres sur les « Tables de la déclinaison du soleil » et sur « l'art de naviger par les nombres » reçurent le 6 octobre suivant le privilège tant désiré.

Toutefois, une autre difficulté surgissait pour G. Denys, qui voulait dédier à Colbert son Traité de la variation de l'aimant. Il fallait écrire une « Epistre » digne du grand ministre, et G. Denys était un scientifique d'une compétence rare pour tout ce qui touchait à la science nautique, mais il maniait moins bien la plume qu'un instrument nautique. Il composa donc de son mieux une dédicace et la soumit à Colbert le 24 novembre 1665 pour avoir son appréciation : « J'ay prins la liberté, lui écrivait-il, de vous envoier l'épistre de nostre livre ; vous aurez la bonté de m'en tesmoigner au plus tost que faire ce pourra vos sentimens,afin qu'on l'imprime pendant

(1) Deuxième édition en 1666, un volume in-4° de 220 p. avec figures. 3e édition en 1681.

(2) Bibl. nat., Mélanges Colbert 129, fol. 185-186.

que le graveur achevera les figures, et que le livre se puisse distribuer « (1).

Cette pièce fut transmise par Colbert à l'Académie française. Elle n'était pas sans doute composée dans un style bien relevé, et les Académiciens qui furent chargés de la mettre au point, absolument ignorants des choses de la science nautique, comme les poètes Chapelain et Ch. Perrault, la jugèrent assez sévèrement et même eurent le mauvais goût d'en plaisanter l'auteur. Voici, par exemple, les paroles écrites par Chapelain à Colbert le 20 décembre 1665 (2) : Une chose importante « est la lettre de ce bon prestre de Dieppe, remaniée et rendue raisonnable par M. Perrault, et retouchée en plusieurs endroits par vos serviteurs de l'Assemblée, en sorte qu'elle nous a semblé en estat de paroistre sans faire tort à son livre ni à vostre nom. Elle eust pu à la vérité estre moins ornée et par là plus proportionnée à la capacité de son autheur ; mais, si elle n'eust pas esté indigne de luy en une forme plus simple, elle l'auroist esté de vous, Monseigneur, qui ne devés point recevoir de ces offrandes, ou qui les devés recevoir convenables à vostre mérite et à vostre dignité. Vous prendrés, s'il vous plaist, le temps de passer la veue là-dessus, d'y corriger nos corrections et de donner la satisfaction à ce bonhomme de pouvoir vous adresser son travail sans vous desplaire » (3).

Ce « bonhomme » qui n'avait pas encore quarante-

---

(1) Bibl. nat., Mél. Colbert 133, fol. 582-583.
(2) *Lettres de Chapelain*, t. II, p. 427-428.
(3) Ed. Le Corbeiller. *Op. cit.*, p. 40.

deux ans aurait certainement préparé une dédicace moins « ornée » que celle « rendue raisonnable par Perrault ». Mais eût-elle perdu à ne pas être présentée dans le style ampoulé de l'époque ? En tout cas, l'humble et naïve prose du « bon prestre de Dieppe » eût eu assurément nos préférences.

Ce livre, lit-on dans la préface corrigée, « se tourne nécessairement vers vous (Colbert) comme vers le pôle qui doit non seulement régler la navigation, mais donner des influences bénignes et favorables aux desseins et à la conduite des pilottes ». Par l'essor qu'il a communiqué à la navigation, Colbert s'en va par delà les mers expliquer aux peuples les plus barbares les merveilles du règne du roi de France, et leur fait connaître que ce prince « est un soleil qui porte partout la lumière et la fécondité, qui doit dissiper les ténèbres de leur barbarie pour faire voir le jour d'une vie civile et réglée ». Colbert a mis la navigation « en estat d'être appelée le lien de toutes les parties de la terre que la mer a séparées, l'arbitre de la guerre, la nourricière de la paix, le soutien du commerce, la mère de l'abondance et la source inépuisable de toutes les richesses ». Aussi le « regarde-t-elle comme son restaurateur et son pilotte universel ». La navigation considère Colbert « non seulement comme son premier mobile, qui imprime le mouvement d'Orient en Occident à toutes les sphères, mais comme son âme universelle qui donne la vie à toutes ses parties en même temps et en tous lieux ». Sur terre, il est « tout entier en son tout, et tout entier en chacune de ses parties ». Ce livre est « le premier fruit de la première escole royale d'hydrographie » établie par Colbert en la ville de « Dieppe, par préférence à toutes les autres de ce royaume ».

5° « *L'art de naviger dans sa plus haute perfection, ou Traitté des Latitudes*, où sont déduits les quatre moyens dont se servent le plus ordinairement les pilottes pour trouver la latitude du lieu auquel ils se rencontrent et dans lequel ils trouveront par advance des Instructions assez amples sur les deux parties qui composent cette latitude qui sont les hauteurs et la déclinaison ; comme aussi la théorie et l'usage des instrumens dont ils se servent le plus communément sur mer, et nommément de la Verge. Ensemble les tables de la déclinaison et le moyen de les réformer de temps en temps. Par M. G. Denys, prestre, enseignant pour le Roy la navigation dans la ville de Dieppe. Avec privilège du Roy » (1).

Calcul du point à la mer. — On déterminait le point au moyen âge à l'aide de la longueur et de la direction du chemin. La boussole donnait le rumb de vent et quelque méthode empirique indiquait le sillage ou la vitesse du bâtiment. On y ajouta la carte pour pointer la route. C'est ce que nous appelons la navigation estimée.

La navigation observée fut ensuite basée sur des connaissances astronomiques et sur la recherche de la latitude et de la longitude.

Dans son « Traité des latitudes » (Ch. 1er), G. Denys

(1) Ce livre « achevé d'imprimer pour la première fois le quinzième jour du mois de may 1673 », in-4° de 497 pages sans la préface, ne contient pas de table générale.

compare la navigation à un chariot mystérieux « porté, ou mieux roulé sur quatre roues qui sont : 1° le rumb de vent ; 2° le chemin et l'avance que fait le navire en allant à son but ; 3° la latitude ; 4° la longitude ». Si, par malheur, des quatre roues il y en a deux d'embourbées, pourveu que l'on en aye deux qui aillent comme il faut, l'on pourra déboucher et dépestrer les deux autres, et les faire conjointement servir, afin que nostre char mystérieux de la navigation chemine et face sa route autant qu'on le peut souhaiter ». A l'aide de deux de ces éléments, on peut connaître les deux autres. « J'ay, ajoute Denys, beaucoup balancé lesquelles de ces quatre roues je devois faire marcher les premières, puisqu'elles se meslent indifféremment les unes avec les autres ; et ceux qui sçavent la navigation sçavent que tantost l'une s'ajuste avec l'autre, et celle-cy ensuite avec une autre ». Cependant pour G. Denys nul doute que « la latitude ne doive emporter le devant ».

Il assimile encore le rumb de vent, le chemin, la longitude et la latitude aux animaux symboliques qui caractérisent les quatre Evangélistes, puis donne quelques détails sur ces éléments de calcul du point à la mer (p. 7-37).

Dans « l'art de naviger par les nombres » (1), G. Denys constate que « la navigation réduite sur les cartes ne consiste que dans un triangle rectiligne rectangle », et il attribue le nom de *jambes* aux deux côtés de l'angle droit de ce triangle. « Les analogies (2), dit-il (p. 38), pour la supputation des trian-

(1) Deuxième édition, 1668.

(2) C'est-à-dire les formules trigonométriques qui permettent de résoudre ces triangles.

gles rectilignes sont appliquées à la navigation ». Les quatre éléments du calcul du point à la mer (rumb de vent, chemin, latitude et longitude) sont tellement unis entre eux qu'on en déduit six propositions qui sont « le suc de toute la navigation », et qui permettent de résoudre toutes les questions relatives à la marche d'un navire (p. 49-50). L'auteur énonce et développe longuement ces six propositions.

Les principaux sujets que commente Denys dans ses ouvrages sont la boussole et la carte marine pour la navigation estimée, puis les éléments d'astronomie nautique, les instruments de hauteur des astres, la latitude et la longitude pour la navigation observée.

Exposons brièvement les théories les plus chères au célèbre Dieppois :

La boussole. — G. Denys a rédigé spécialement pour les pilotes son « Traité de la variation de l'aiguille aimantée » (1). Il s'attache donc de préférence aux notions les plus pratiques et néglige celles qui seraient plus curieuses qu'utiles. Il rappelle d'abord (p. 1-50) les notions les plus importantes sur la boussole. Il décrit le « compas à naviger », la « roze du compas de boussole », la « nature et propriété des rumbs de vent », la « chappelle », l' « aiguille », le « pivot », la « boëtte intérieure », le « balancier », la « boëtte extérieure », et dans son commentaire il se plaît à glorifier les Normands

(1) Troisième édition, 1681.

jusqu'à leur attribuer l'invention de la rose de la boussole et même de la boussole. G. Denys ignore sans doute que les Chinois ont connu, dès le deuxième siècle après J.-C., la propriété directrice de l'aimant et l'ont appliquée aux quatrième et cinquième siècles à la navigation. Des Chinois la boussole passa probablement aux Indiens, puis aux Arabes. On signale au treizième siècle son emploi dans la Méditerranée et au siècle suivant elle prend la forme d'une boîte avec aiguille mobile sur un pivot.

Entre le dixième et le quatorzième siècle, on adopta la rose italienne établie sur huit vents principaux et divisée en trente-deux quarts de vent.

Au commencement du quatorzième siècle, la rose des vents fut placée sur l'aiguille et tourna avec elle.

On a remarqué que l'axe de l'aiguille aimantée s'écarte légèrement, dans un sens ou dans l'autre, de la direction des pôles géographiques. On appelle *variation* l'angle formé avec le méridien vrai par l'aiguille du compas. Ce phénomène était, semble-t-il, connu des Chinois dès le commencement du douzième siècle. En Europe, il ne le fut guère qu'au treizième ou au quatorzième siècle. Au milieu du seizième siècle, on savait que la variation n'était pas la même en différents points du globe et que de plus elle pouvait changer de sens et être tantôt orientale, tantôt occidentale. Christophe Colomb avait signalé dans son Journal, aux dates des 13 et 17 septembre 1492, le phénomène de la déviation de la boussole (1). De ce que son obser-

(1) Navarrète, *Primer viage de Colon*, t. I, p. 8-9

vation semble être la première qui nous soit parvenue, il ne s'ensuit pas nécessairement que Christophe Colomb ait découvert cette déviation.

On a imaginé diverses théories pour expliquer ce fait curieux.

G. Denys est l'auteur normand qui traite le plus longuement de la variation de l'aiguille aimantée. Sur vingt chapitres qui composent le « Traité de la variation de l'aiguille aimantée », neuf sont consacrés à l'étude de la variation et 170 pages sur 220.

Il définit la variation de l'aiguille aimantée (p. 54) et indique cinq méthodes pour la calculer. Il l'obtient : 1° à midi ; 2° par « deux observations faites au soleil en égale hauteur sur l'horizon l'une devant, l'autre après midy » ; 3° par deux observations faites l'une au lever et l'autre au coucher du soleil ; 4° par une observation faite au lever ou bien au coucher du soleil par l'amplitude ; 5° à toute heure du jour et de la nuit par l'azimut.

Les cartes marines. — Les cartes marines ont pour but de diriger les navigateurs en leur donnant une idée très exacte de la configuration des mers et des côtes. Au XVIIe siècle, elles indiquaient aux pilotes dieppois la route menant d'un point à un autre par le rumb de vent qui y conduisait, et pour ce motif elles étaient pourvues de plusieurs roses des vents ; les méridiens, les parallèles et les rumbs de vent y étaient des lignes droites.

Les cartes dieppoises du XVIe siècle sont dressées à la fois sur les directions, sur les distances et sur les hauteurs du pôle. Les directions sont indiquées par les aires de la rose des vents, les distances sont consignées sur des échelles de lieues, et les hauteurs du pôle se lisent sur des échelles de latitude. Telles sont les œuvres connues des cartographes dieppois : Desliens (1541) (1), Jean Roze (1542) (2), la mappemonde Harleienne (3), Nicholas Vallard (1547) (4), Pierre Desceliers (1546) (5), 1550 (6) et 1553 (7).

Les mappemondes de Desceliers sont en outre pourvues d'une échelle de longitudes, et comme les degrés de longitude sont égaux aux degrés de latitude sur les cartes de 1546 et 1550, celles-ci appartiennent donc au système des cartes plates carrées.

Vers la fin du XVIe siècle et au XVIIe, quelques mappemondes dieppoises sont encore des cartes plates construites sur la rose des vents et munies d'échelles de latitude, par exemple la carte de Desliens (1566) (8), celle de Jean Dupont (1625) (9), et celles de Guérard (1627, 1628 et 1633) (10), sur lesquelles on remarque des roses des vents, une échelle de latitude et une échelle de lieues.

---

(1) Biblioth. royale de Dresde. Géogr. A 52 m. — Le Musée de Dieppe en possède une bonne reproduction de 0 m. 45×0 m. 80.

(2) British Museum. Ms. 20. E. IX.

(3) Brit. Mus. Add. ms. 5413.

(4) Atlas de la collection de feu sir Thomas Philips, conservé à Cheltenham (Angleterre).

(5) Reproduction conservée au Musée de Dieppe et habilement coloriée à la main.

(6) Brit. Mus. Add. ms. 24065.

(7) Bonne photographie de 48×80 cm. au Musée de Dieppe.

(8) Bibl. nat. de Paris. — Copie sur papier au Musée de Dieppe.

(9) Deux portulans conservés au Dépôt des cartes et plans de la Marine, à Paris.

(10) Les originaux de ces trois cartes sont à Paris au Dépôt des Cartes et Plans de la Marine.

Mentionnons enfin deux illustres cartographes dieppois : Cauderon et Guillaume Le Vasseur de Beauplan.

Parmi ces cartes dieppoises, il en est qui ne semblent appartenir à aucun système de projection bien défini, mais qui très probablement sont des cartes plates.

La projection à latitudes croissantes est celle dont Mercator (1512-1594) s'est servi pour tracer le canevas de sa carte du globe (1569) « ad usum navigantium ». C'est en 1550, dit Malte Brun (1), « que Mercator imagina sa projection des cartes réduites ».

Les principes de cette projection semblent n'avoir pas été connus de suite. Cependant en 1589, l'Anglais Edward Wright les retrouva en étudiant de très près le planisphère de Mercator, et enseigna le moyen de calculer les latitudes croissantes. Ce sont les pilotes dieppois qui, paraît-il, utilisèrent en mer pour la première fois les cartes réduites. L'un d'eux, Guillaume Le Vasseur, répandit l'usage de cette projection (2). Et Riccioli écrivait : « Vasseur adèo perfecté illas (chartas reductas) delineavit, ut peritissimi quique Franciæ naucleri vix aliis utantur » (Le Vasseur a tracé si parfaitement des cartes réduites que les plus experts pilotes français n'en emploient pas d'autres). Toutefois, la théorie exposée par Le Vasseur manque un peu de clarté. Au nom de Le Vasseur, qui fit usage de la projection à

(1) *Géographie universelle*, Paris, 5e édition, 1841, t. I, p. 347.

(2) R. P. Fournier, *Hydrographie*, Paris, 1679, p. 506. La première édition est de 1643.

latitudes croissantes dans sa carte de 1601, on doit ajouter celui du dieppois J. Guerard qui l'employa aussi dans ses cartes de 1625, de 1631 et de 1634.

La projection à latitudes croissantes offre de grands avantages. Le principal, c'est que la loxodromie ou route suivie par un navire à la surface des mers coupe tous les méridiens sous le même angle, aussi bien en réalité qu'en projection. Toute ligne droite, sur cette projection de Mercator, représente une loxodromie ; mais l'inconvénient, c'est que les dimensions des continents y subissent une énorme exagération à mesure qu'on s'éloigne de l'équateur ; voyez, par exemple, le Groenland sur ces cartes. En outre, l'inégalité des espaces qui figurent les degrés de latitude ne permet l'usage d'aucune échelle générale pour mesurer la distance séparant deux points quelconques de la carte, et oblige dans chaque cas à obtenir cette distance par un calcul spécial.

G. Denys définit clairement la carte réduite (1) : « La carte réduite, écrit-il, est composée suivant cette manière dans laquelle on voit les degrés de latitude qui s'agrandissent et les degrés de la longitude qui sont partout égaux, au contraire du globe et du naturel, et par conséquent les lieues dont on doit se servir seront inégales et plus grandes à proportion qu'on est plus loin de la ligne, ce qui semble contraire à la raison : mais ce manquement est rajusté par le moyen des croissantes largeurs ». Après avoir défini la carte réduite, Denys

(1) *L'art de naviger par les nombres*, p. 77.

ajoute une « Table des croissantes largeurs pour naviger conformément à la carte réduite ».

Eléments d'astronomie nautique. — Dans la navigation au long-cours, la surface de la mer n'offre au marin aucun point de repère. Ce n'est donc qu'à la faveur de la correspondance entre les diverses parties du ciel et celles de notre globe qu'il est possible de connaître en pleine mer le lieu où l'on est et le chemin qu'on a parcouru. Le pilote doit donc être initié aux secrets de la géographie et de l'astronomie.

G. Denys étudie principalement les mouvements du soleil et des étoiles, et comme tous les auteurs normands, il s'étend de préférence sur la déclinaison du soleil et présente des Tables de cette déclinaison pour la période de quatre années consécutives, composée de trois années communes et d'une année bissextile.

On sait en effet que le soleil a un mouvement particulier qui s'exécute en sens contraire du mouvement diurne, c'est-à-dire selon l'ordre des signes du zodiaque ou d'Occident en Orient. Le soleil fait le tour du ciel en un an, et son mouvement annuel s'accomplit dans l'écliptique qui est oblique à l'équateur. Changeant continuellement de parallèle, sa déclinaison, c'est-à-dire sa distance à l'équateur, varie chaque jour.

On sait avec quelle peine les astronomes du moyen-âge avaient établi des « Tables de déclinaison » pour chaque jour de la période de quatre ans à midi. Si l'on a besoin de calculer la valeur de la déclinaison pour une certaine heure de la journée, on ajoute algébriquement une partie proportionnelle à la déclinaison du midi précédent, en observant bien que la déclinaison augmente d'un équinoxe à un solstice et diminue d'un solstice à un équinoxe.

La connaissance de la déclinaison du soleil étant absolument nécessaire pour calculer la latitude d'un lieu, tous les hydrographes dieppois ont traité de cette déclinaison.

G. Denys, dans « Le discours et les tables de la déclinaison du soleil... » (1), établit d'abord les principales propositions sur la déclinaison solaire (p. 1-28), puis donne des Tables de la déclinaison avec valeur maxima de 23°31' (p. 29-40).

Les Tables, remarque Denys, peuvent être universelles, elles ne sauraient être perpétuelles à cause de la variation de l'obliquité de l'écliptique.

Dans son « Traité des latitudes » (1673), Denys a un long chapitre sur la déclinaison du soleil (Ch. VII, p. 104-190). Il constate et explique (p. 133) les différences qu'on observe entre ses Tables et celles des autres savants ; il ajuste la déclinaison solaire : 1° « pour les méridiens différents de celuy pour lequel elles ont esté construites », 2° « pour les autres heures, tant du jour que de la nuict, non seulement au méridien du lieu pour lequel les Tables ont été construites, mais encore pour des méridiens différents de celuy-là ». Il explique ensuite pour quel motif on ne trouve d'ordinaire que quatre tables de la déclinaison du soleil, et par suite pourquoi il est nécessaire

---

(1) Edition de 1669.

de réformer ces tables de temps en temps ; il enseigne le moyen de se servir des Tables de la déclinaison du soleil, et termine en indiquant la méthode pour les établir.

L'ascension droite du soleil, c'est-à-dire l'arc de l'équateur compris entre le point vernal et le méridien qui passe par le centre du soleil, sert à résoudre plusieurs problèmes et en particulier à trouver l'heure de nuit à l'aide du passage de quelque étoile au méridien.

G. Denys a étudié longuement les étoiles. Dans les « Tables de la déclinaison du soleil et des principales et plus remarquables estoilles du firmament et deux Tables pour l'estoile du Nord » (1), il considère successivement « la déclinaison des estoilles du firmament » (p. 41-51) ; « l'esloignement des estoilles au Pole » (p. 51-64) ; « l'ascension droite des estoilles » (p. 64-92) : la « Table des principales et plus reconnoissables estoilles du firmament, contenant leur latitude, longitude, leur déclinaison et esloignement au pole, avec leur ascension droite, tant en degrez qu'en heures et minutes, et leur grandeur : le tout supputé pour l'an bissexte 1672 » (p. 93-110) ; « l'estoille du Nord » (p. 121-148) ; « Table du sinus de l'estoille du Nord qui est ce qu'il faut adjouster ou soustraire de la hauteur que l'on a prins à l'Estoille du Nord, suivant les rumbs de vent, esquels la Claire des Gardes se rencontre en mesme temps, jugée à l'esgard du Pole du Monde » (p. 149-150).

Dans son « Traité des latitudes » (1673), Denys

(1) Troisième édition, 1669.

reprend le même sujet et consacre un long paragraphe (p. 190-284) à « la déclinaison des estoilles du firmament et leur esloignement au pole du monde », dans lequel il s'occupe aussi de l'ascension droite des étoiles, de la recherche de l'heure où les étoiles passent au méridien, et de l'heure de la nuit à l'aide des étoiles ; il termine par une table des principales étoiles du firmament et leur déclinaison.

Il a tout un chapitre (Ch. IX, p. 284-357) sur « l'estoille du Nord ». Il indique le moyen de reconnaître l'étoile polaire et la Claire des Gardes, puis, entre autres développements, il explique comment corriger l'erreur commise en confondant l'étoile du Nord avec le vrai pôle et comment « supputer une Table de l'estoille du Nord en la prenant comme centre du cercle de la Claire des Gardes ». Dans un appendice, il enseigne à déterminer l'heure de la nuit par la Claire des Gardes, et pour cet objet il emploie un instrument nommé *Nocturlabe*.

Mais, à l'encontre de plusieurs hydrographes de son temps, il n'a pas une bien grande confiance dans les résultats donnés par cet instrument. Il établit même que sa pratique « bien que exempte de beaucoup de supputations qu'on est obligé de faire », est défectueuse. Sans doute, ajoute-t-il, le nocturlabe a subi avec le temps des modifications importantes ; mais malgré les corrections apportées à cet instrument, Denys le juge *inutile*

Instruments de hauteur. — L'astrolabe que décrit G. Denys est l'astrolable des marins (1). C'était un

(1) *Traité des latitudes*, Ch. VI, art. II.

anneau divisé que l'on suspendait par une boucle située au-dessus du zéro de la graduation. Une alidade, munie de pinnules fendues, tournait autour du centre. Le pilote dirigeait l'alidade vers l'astre, soit en le pointant directement, soit, quand il cherchait la hauteur solaire, en faisant tomber l'ombre d'une

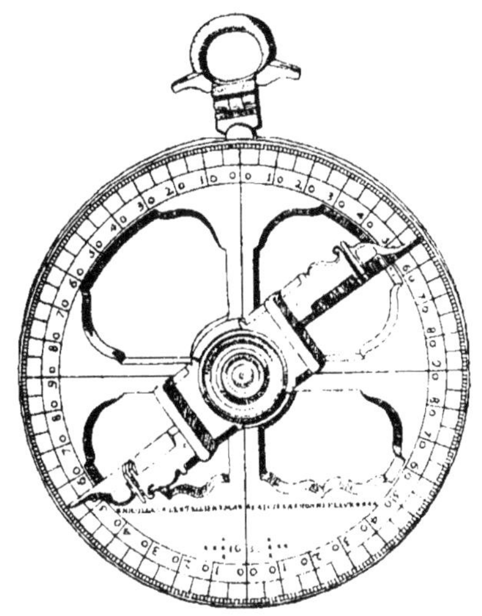

Astrolable de Caudebec-en-Caux

pinnule sur l'autre. La valeur de la distance zénithale se lisait immédiatement sur le limbe.

L'*anneau astronomique* était un instrument qui donnait la hauteur des astres, quand la lumière de ces astres était capable de faire sur la terre une ombre sensible. On ne pouvait guère prendre avec l'anneau que la hauteur du soleil au-dessus de l'horizon.

G. Denys a décrit cet instrument dans son « Traité des latitudes » (p. 64). Il donnait ses préférences à l'anneau sur l'astrolabe.

L'astrolabe et l'anneau astronomique, instruments à suspension, ne fournissaient pas des résultats bien exacts. Suspendus par une boucle, on ne pouvait garantir l'horizontalité absolue de leur diamètre. Et puis il fallait tenir compte des mouvements du navire L'agitation du bâtiment dérangeait continuellement la stabilité de l'instrument. Aussi Denys conseillait-il aux marins de « prendre garde au branlement du navire et de choisir le lieu où il y avait le moins de mouvement, lieu qui est proche du grand mât ».

« La Verge, la Flèche ou l'Arbalestre avec ses marteaux ou traversiers que le vulgaire appelle communément le bâton de Jacob » est, selon G. Denys, « l'instrument nautique préféré des pilotes de Dieppe » (1). « C'est le plus juste et le plus aisé de tous » (2).

Cet instrument, plus connu sous le nom d'*arbalestrille*, se trouve décrit, vers l'an 1340, par le provençal Levy ben Gerson, au Ve livre du *Milchamot Adonaï* (les guerres du Seigneur). Ce nouvel instrument, il le nomme « le découvreur de ce qui est profondément caché », et le traité qu'il lui a consacré fut traduit d'hébreu en latin en 1342 par Pierre d'Alexandrie (3).

---

(1) *L'art de naviger perfectionné par la connaissance de l'aimant*, p. 63.

(2) *Ibid.*, p. 130.

(3) M. Steinschneider. *Mathematik bei den Juden*. Frankfurt, § 43.

Cet instrument permettait de mesurer directement la distance angulaire entre un astre et l'horizon de la mer.

Au XVIe siècle, il fut très employé pour déterminer la hauteur du soleil et des astres au-dessus de l'horizon.

Description de l'arbalestrille. — L'instrument se compose essentiellement d'une règle quadrangulaire

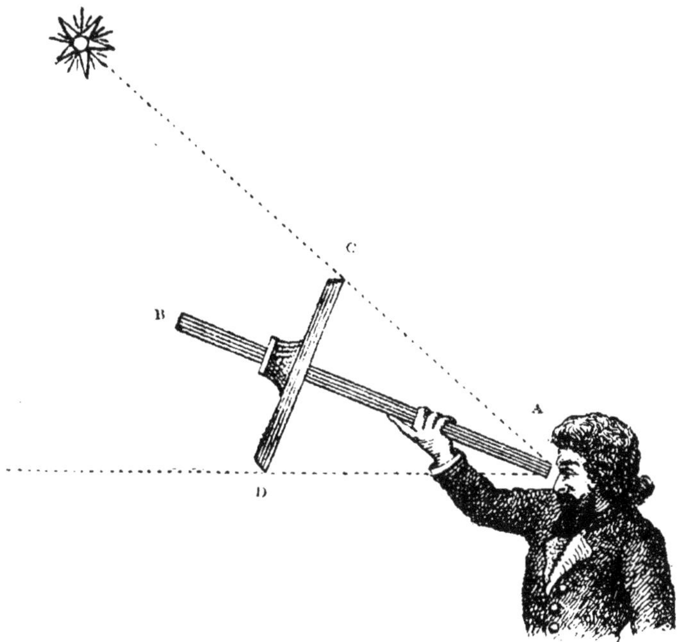

en bois AB appelée *flèche*, et d'une traverse CD nommée *marteau* perpendiculaire à la flèche et glissant librement sur elle par son milieu.

La règle AB était graduée en degrés et fractions de degrés de manière à donner pour chaque position du marteau la valeur de l'angle CAD égal à la hauteur à mesurer. Cette graduation était faite en fonction des tangentes des angles à mesurer. Comme le même marteau ne pouvait convenir à toutes les hauteurs, on en disposait trois de longueurs inégales et une graduation spéciale pour chacun d'eux était marquée sur une des faces de la flèche.

Le P. Fournier, dans son « Hydrographie », attribue à ces marteaux des longueurs correspondantes à trente-deux, seize et quatre centimètres (1).

Pour mesurer la hauteur d'une étoile ou de la lune, on plaçait l'œil à l'extrémité A de la flèche, et on visait simultanément l'horizon et l'astre. On glissait le marteau de manière à voir son extrémité inférieure sur la ligne d'horizon et son extrémité supérieure sur l'astre observé.

---

(1) Jurien de la Gravière. *Les marins du* XVe *et du* XVIe siècle. Paris, in-12, 1879, t. I, p. 19-20. — L. Gallois. *Les géographes allemands de la Renaissance.* Paris, 1890, in-8°, p. 33-35.

Pour calculer la hauteur du soleil, on adaptait un petit écran à l'extrémité de la flèche. Puis tournant le dos au soleil, on faisait tomber sur le milieu de l'écran l'ombre portée par l'extrémité supérieure du marteau. On y parvenait en glissant le marteau dans le sens convenable. Dans toutes ces opérations, il fallait avoir soin de maintenir sur la ligne d'horizon le milieu de l'écran et l'extrémité inférieure du marteau, puis de conserver la verticalité du plan de l'arbalestrille.

Les Normands utilisèrent fréquemment l'arbalestrille. Mais parmi eux, c'est G. Denys qui traite le plus longuement de « la verge, flèche ou arbaleste » (1). Il étudie successivement « pour quelles raisons l'on marque sur la verge différentes graduations », le « moyen de reconnoistre sur la verge les graduations différentes », les « méthodes pour esprouver si une verge est bien faicte », la recherche du « lieu où la verge doit estre posée, et le moyen d'en corriger l'erreur qu'on y pourroit commettre », et « l'usage de la verge pour prendre les hauteurs tant par devant que par derrière ».

L'arbalestrille manquait de précision. Il faut en chercher la cause dans le mode d'observation et dans la disposition même de l'instrument. L'œil ne peut avoir en même temps la perception très nette de deux objets éloignés l'un de l'autre, et on ne savait, pour faire une bonne observation, où appliquer près de l'œil l'extrémité de la flèche. En outre, les marteaux et la flèche construits en bois étaient susceptibles de

---

(1) *Traité des latitudes*. Dieppe, 1673, in-4°, Chap. VI, art. III.

se déjeter, et puis l'entaille pratiquée dans le marteau s'élargissait à la longue.

Le *Quartier de Davis*, ou *Quart de nonante* ou *Quartier anglais*. — John Davis inventa en 1594 le *Quartier* qui porte son nom. Cherchant à corriger les imperfections de l'arbalestrille et à améliorer le plus possible cet instrument, il commença par retrancher la partie inférieure du marteau, et y substitua un

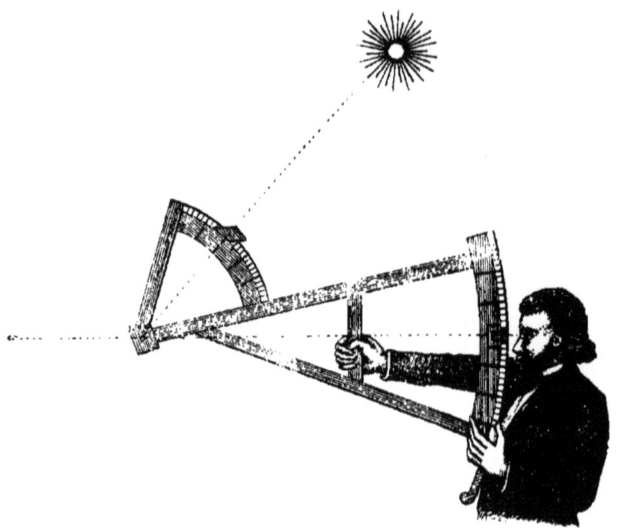

secteur sur lequel se mouvait une pinnule ; bientôt après, il supprima complètement la partie restante du marteau et la remplaça par un second secteur muni d'une pinnule mobile.

Le *Quartier de Davis* « se compose pour l'ordinaire, dit G. Denys (1), de deux triangles isocèles »,

(1) *Traité des latitudes*. Ch. VI, art. IV. Du quartier et du moyen de s'en servir.

c'est-à-dire de deux secteurs adjacents pourvus chacun d'une pinnule mobile percée d'un trou circulaire, et d'un écran fixé au centre commun des deux secteurs. Le secteur supérieur embrassait soixante degrés et l'inférieur trente.

« Pour s'en servir, ajoute Denys, il faut juger de combien à peu près le soleil, au moment où l'on se dispose à prendre hauteur, est éloigné du zénith. On y arrête la pinnule du triangle d'en haut ». On tourne ensuite le dos au soleil, et on manœuvre l'instrument de manière que, visant l'horizon par la pinnule inférieure, « l'ombre de la pinnule fixe du triangle d'en haut vienne se rendre avec l'horizon sur cette ligne ». Pour cela, « on hausse ou baisse la pinnule d'en bas jusqu'à ce que l'horizon et l'ombre viennent à se rencontrer sur la ligne du centre ». Une fois la coïncidence obtenue, l'opération est terminée ; la somme des deux arcs compris entre les deux pinnules donne la hauteur cherchée.

Le Quartier était supérieur à l'Arbalestrille. L'ombre, toujours mal définie, du marteau de l'arbalestrille était remplacée dans le Quartier par un petit cercle brillant ; et puis un arc de cercle régulièrement gradué était préférable à une graduation en fonction de tangentes.

Cet appareil, malgré ses qualités, ne répondait pas à tous les désirs des navigateurs. L'observation de hauteurs d'étoiles était impossible. Par gros temps, on n'obtenait que des résultats bien imparfaits. Faire concourir sur l'écran l'horizon et l'image du soleil n'était pas non plus une opération aisée, surtout quand la brume ou un nuage voilait une grande partie de la lumière solaire.

Les latitudes et les longitudes. — « L'Hydrographie, écrit G. Denys (1), comme une belle Nymphe et sœur germaine de la Géographie, a deux pieds sur lesquels elle marche qui sont la latitude et la longitude » ; mais, ajoute-t-il, « il n'y a pas de doute que celuy de la latitude ne le doive emporter au dessus de celuy de la longitude ».

Dans son « Traité des Latitudes », au chapitre des hauteurs (p. 37-104), G. Denys rappelle que les pilotes trouvent la latitude à l'aide de deux notions : « La hauteur méridienne du soleil ou des estoilles qu'ils observent avec des instrumens construits à cet effet », et « la déclinaison du soleil ou des estoilles ».

Le chapitre dixième et dernier (p. 358-495) traite « des moyens dont se servent communément les pilottes pour trouver la latitude ». Denys y détaille les quatre méthodes suivantes : 1° « l'esloignement au zénith qu'a le soleil lorsqu'il est au méridien, et sa déclinaison » (p. 360-412) ; 2° « l'esloignement au zénith des estoilles qui se lèvent et couchent lorsqu'elles sont au méridien, et leur déclinaison » (p. 412-436) ; 3° « la plus grande et la moindre hauteur du soleil ou des estoilles sur l'horison, dans les lieux esquels ils ne se couchent point avec leur déclinaison ou leur esloignement au pôle » (p. 436-468) ; 4° « la hauteur de l'estoille du Nord sur l'horison,

(1) *Le discours et les tables de la déclinaison du soleil*, etc..., 3e édition, 1669, p. 1.

et le rumb de vent où la Claire des Gardes se rencontre pour lors » (p. 468-495).

La mesure des hauteurs est toujours affectée d'erreurs provenant soit « de l'élévation de l'œil au-dessus du niveau de l'horison sensible », soit de la parallaxe et des réfractions ; les astronomes ont grand soin de faire les corrections nécessaires en pareil cas ; et G. Denys les expose dans « L'art de naviger par les nombres » (1).

A propos de la longitude, G. Denys, dans son « Traité des latitudes », écrit (p. 23) : « Je sçay que quantité de beaux esprits se sont étudiez à cercher des moyens de la trouver, attirez soit par la veüe de la récompense proposée, ou pour l'honneur et l'utilité que le public en recevroit. Ce néantmoins nous n'en voyons point qu'y aient reüssi jusques à présent, et sur lesquels l'on puisse faire un fondement solide et asseuré, et tout cecy selon ma pensée par des secrets et ressorts de la providence de Dieu, qui par là veut oster aux pilottes l'occasion de se rendre paresseux et négligens, à raison que pour lors ils ne seroient plus obligez de faire leur estime et de veiller sur leurs routes ».

« Si la nature, écrivait en un autre endroit G. Denys, nous avait donné des moyens de connaître la longitude aussi assurés que ceux dont nous disposons pour trouver la latitude, jamais, sinon par des tempêtes furieuses, il ne se perdrait de navires ». Et le bon prêtre de Dieppe explique assez

---

(1) Chap. X. *Des corrections*, p. 160-218.

naïvement cette ignorance de la longitude : « Dieu, en nous dérobant la connaissance des moyens qui auraient pu nous procurer sûrement et promptement une bonne longitude, a voulu obliger les pilotes à veiller sur leur route » avec le plus grand soin. Pauvres pilotes ! Dieu avait donc prévu l'insouciance d'un certain nombre d'entre eux !

Les méthodes usitées par les Dieppois dans la recherche de la longitude se ramènent à trois : 1° les procédés astronomiques : 2° les horloges ; 3° la variation de l'aiguille aimantée.

1° Parmentier en 1529 calculait la longitude par la lune, les étoiles fixes, les éclipses.

G. Le Vasseur traite des longitudes « par les éclipses » (1).

2° Les horloges. — G. Denys entrevoyait (2) la vraie solution du problème de la longitude : « Si le Ciel jusques à present ne nous a peu donner ce rare present, les Horlogers faisants des Horloges justes y réüssiroient bien plus heureusement, et rendroient la chose bien plus facile, puisque sans supputation, qui est tousiours embarrassante, l'on trouverait en un moment ce que l'on cerche ». Denys compte donc sur le perfectionnement des horloges portatives et il exprime sa confiance dans la prochaine solution de la question.

3° La variation de l'aiguille aimantée. — Denys

---

(1) *Géodrographie*, fol. 40.

(2) *Traité des latitudes*, p. 30.

déclare nettement que la variation de l'aiguille aimantée ne peut servir à trouver la longitude (1).

Les sinus (2) *et les logarithmes.* — Les routes de navigation peuvent être résolues par la trigonométrie et les logarithmes.

En général, les opérations faites avec la règle et le compas s'exécutent facilement et promptement, mais elles ne sont pas susceptibles d'une bien grande précision. Il n'en est pas de même des méthodes de calcul ; celles-ci fournissent des résultats bien plus exacts que les procédés graphiques.

On sait que les problèmes de navigation réduite sur les cartes se ramènent à la solution d'un triangle rectangle, et les propositions qui en découlent sont des relations entre le rumb de vent, le chemin parcouru, la latitude et la longitude.

Au XVIIe siècle, les diverses propositions de la trigonométrie étaient exposées d'une façon vague et abstraite, et les démonstrations manquaient de netteté. On conçoit donc la répugnance que les jeunes navigateurs avaient alors pour ces méthodes de calcul. Et cependant, dans « L'art de naviger par les nombres » (3), G. Denys fait un grand éloge de la Trigonométrie et du calcul par les sinus, et en fait une heureuse application à la navigation.

Mort de G. Denys. — Telle est, en résumé, l'œuvre scientifique du célèbre professeur de Dieppe.

(1) *L'art de naviger par la variation de l'aimant*, p. 52.

(2) Le mot *sinus* est pris comme synonyme de trigonométrie.

(3) 1675, p. 27-28.

Bien que tous ses ouvrages aient été composés avec beaucoup de soin, il semble néanmoins, dit le chroniqueur Asseline, que l'auteur « les a faits avec tant de facilité qu'ils n'ont pu l'empescher de donner des leçons à ses écoliers, ni des instructions aux pieuses personnes qu'il avait sous sa conduite, afin de faire arriver les uns et les autres aux ports où ils prétendaient surgir heureusement ».

G. Denys, habitué en l'église Saint-Jacques depuis 1655, fut en même temps attaché pendant quelques années à l'hospice de Dieppe en qualité de chapelain auxiliaire.

Ce « bon prestre de Dieppe » mourut le 5 novembre 1689, « aagé de viron soixante et cinq ans », et fut inhumé le surlendemain dans l'église Saint-Jacques (1). Sa fosse fut payée six livres dix sols par Me Pierre Yvart, trésorier de Saint-Jacques (2).

Asseline résume en peu de mots l'éloge funèbre de son illustre confrère :

Dirigit ille Polo
Dirigit ille Solo
Dirigit ille Salo

(Il guide vers le ciel, guide sur terre, guide sur mer).

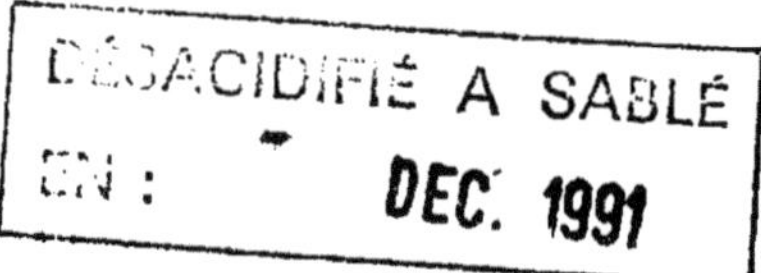

(1) Archives paroissiales de Saint-Jacques.

(2) Registre des comptes de Saint-Jacques, année 1689.

TABLE DES MATIÈRES

FÉCAMP. — IMP. RÉUNIES L. DURAND ET FILS

www.ingramcontent.com/pod-product-compliance
Ingram Content Group UK Ltd.
Pitfield, Milton Keynes, MK11 3LW, UK
UKHW020422180726
13839UKWH00003B/1374